귀의 비밀

지성 · 감성의 메타언어
조선문학시인선 · 363

귀의 비밀

이 소 희 시집

조선문학사

■ 책머리에

책을 내면서

귀의 비밀을
세상에 내놓습니다.
세상에 비밀이 있을까마는
사정없이 나를 벗겨내고 있는
졸시들에 밀려서 드디어
비밀을 털어 놓습니다.
보잘것없는 귀의 비밀,
그러나 그 신비한 뜻을
때로는 공유하고 싶을 때가 있습니다.
작품답지도 않은 작품을 읽어주신
정대구 박사님께 감사드립니다.

2014년 여름
이소희

귀의 비밀 차례

제2부
일어나 함께 가고 있었다

제3부
독도를 쓰다듬고 싶었다

제4부
시집 평설

제1부

귀의 비밀

빛의 날개

죽었던 태양이
다시 살아났다
묵은 껍질 깨고
헤집어 나온 얼굴 눈부시다

새벽길 따라
맑은 이슬에 헹군
그 첨예한 부리로
어둠의 깃털 뽑아버리고
흑암의 발톱 쪼아버렸다

이글이글 타오르는 등불
온 누리 껴안으며
너와 내가 손 마주잡고 걸어가는
어깨 틈새로 돋아나는
빛의 날개
모든 죽어가는 것들을 살리려
푸른 창공에서 낙하하고 있다

재의 십자가

- 사순절에

은밀한 죄를 적어
항아리에 넣고 불을 태웠다
불꽃 속에서 화형당한
죄의 모가지가 죄어들더니
시커먼 재로 남았다
죄는 재가 되었고
재는 흙이 되었다

목사님은 죄의 재를 뒤집어쓰고
이마에 재로 십자가를 그어주었다
너 인간아 흙에서 왔으니
흙으로 돌아가라
재의 십자가 앞에서
바벨탑을 쌓던 죄란 놈이
무릎을 꿇는다

귀의 비밀

태초에
빛이 있으라하니
빛이 생겨난 것은
빛에도 귀가 있기 때문입니다
모든 만물에는
귀가 있기 때문에
세미한 음성만 듣고도
태어난 것입니다

사람의 귀만
손수 빚으신 까닭은
당신과의 사랑을
소통하기 위한 배려입니다
우리의 귓바퀴들은
사랑의 밀어를 싣고
영원을 달려가는 신비한
그분의 시계바늘입니다

풍경소리

농막을 지키고 있는
동어(銅魚) 한 마리
날아가고 싶은지
처마 끝을 맴돌며 헛손질 한다

지나가던 바람이
오른 쪽 볼을 맞으면
동그랗게 웃으며
왼쪽 볼을 들이 댄다

차마 비상할 수 없는
물고기 한 마리가
제 가슴을 치며
울었을 뿐이다

봄을 찾아 나선다

강이 풀리면
건너올 꽃가마 맞기 위해
강 이쪽과 저쪽을 잇는
다리난간을 세우리다

봄이 오는 길에
대춘(待春)이란
현수막을 걸어 환영하고
꽃가마 짊어질
가마꾼이 되리다

겨울을 겨울답게 사는 이만이
봄다운 봄을 맞을 수 있는 것
가슴으로 꽃을 잉태한 이만이
봄을 해산할 수 있는 것
영하의 십자가형지고
죽었다가 부활한 봄을
어찌 앉아서 맞이할 수 있으랴
봄을 찾아나서는 발걸음
걸음걸음마다 꽃잎이 밟힌다

꽃잎은 떨어져도 지지 않는 꽃

봄은 이미 떠나가고 있었다
치렁치렁한 머리카락으로
어린 꽃잎 휘감아 쥐고
알 수 없는 먼 나라로
바람 따라 세월 따라 과속을 하는데
왜 밀려가는지 브레이크를 거는 이 없었다
뜬금없는 봄의 행차에 놀란 모란,
뜰 앞에 나와 가로막고 서서,
되돌아오기만 기다리다
시커먼 핏덩이로 오열하고 있었다
그대들 당도하지 못한
사월의 귀착지에서
가만히 있어, 예, 했는데
사월(死月)에 밀려 가버린 꽃송이들
비바람에 떨어진 꽃잎들이
서로 부둥켜안고 날개를 접을 때
나의 신부, 나의 사랑, 나의 어여쁜 자여
꽃과 나비가 불러주는 사랑노래 없이도

한 잎 두 잎 하늘에 닻을 내리고
별은 더 이상 빛나지 않았다

바람은 회초리 피해 달아나고
길게 울다 스러진 파도에 업힌
너는 아직 따뜻하구나
꽃잎은 떨어져도 지지 않는 꽃
붉은 울음으로 기다리는 모란의 가슴에
화알짝 피어나리라
부활하리라

꽃 · 1

꽃은
손이다

그분의 손이
마음 구석구석 구겨진 곳
다리미질 하시고
활짝 펴지면 함께 웃으신다

꽃·2

꽃은
눈물이다

깊은 산속에
홀로 있지만
찾아주는 나비가 있어
그님 품에 안겨
흘리는 붉은 울음이다

단풍잎

한잎 두잎
밟으며
산을 오른다

밟히면서도
살아서
굳게 닫힌
마음의 문을 열고 들어온
피 묻은 손

신비한 손이
가슴을 어루만진다
손길 닿는 곳마다
가을앓이가
치유되고 새살이 돋아난다

국화 앞에서

파란 하늘로
볼연지하고 서있는
고운님이
말씀하신다

비 내리고
서리 내려도
항상 국화처럼 살라고
활짝 웃으며 말씀하신다

거기 계시대요

생명은 칼날 위에서 춤을 추었다
"차라리 나를 죽이시오"
소리가 유리창에 부딪혀 떨어질 새 없이
빠르게 붕대를 감는 하얀 간호사들,
궁둥이에서 입을 열고 나온 피가
침대위에서 유영을 하고 있었다
"가스가 안 나와"
그 흔한 가스가 귀한 대접 받았다
생명줄에 얽매인 무뚝뚝한 사내
파삭 파삭한 입술이 샘물가를 어정거리다
주저앉은 가랑잎이 되었다
고막에 주사를 놓는 의사의 손이
파르르 균형을 잃었을 때
환자는 또 한 번 십자가의 가시에 찔려
눈물을 쏟아 냈고
사면에 육중한 벽이 입을 다물고 지키고 있는
지옥을 넘나들고 있을 때였다
주님도 거기 계시대요

떨어질 뻔했던 예수

예수님은 여리고에 가시면
사캐오와 친구하셨고
예루살렘에 가시면
나사로와 친구하셨다

예수 멸시하던
동네 동무들,
왕따 시켜 절벽으로 밀어내
떨어질 뻔했던 예수,

친구를 위해 목숨을 버리면
이에서 더 큰 사랑이 없다.
하시던 나사렛동네 시골뜨기,
우리 모두를 친구 삼으셨지요.

나무의 기도

홀로 산에 간다
나무가 기다리고 있다
마중나온 그에게 안기는 순간
가신 어머니 품이다

한사코 바람은 자장가를 부르지만
늘 깨어서 기도하는 나무
때로는 눈물 뚝뚝 흘리며
몸부림치다가도
정성껏 색동옷으로 갈아입고
하늘에 올리는 간절한 소원
모두의 품이 되게 하소서

나무로 서서
기도를 배운다

물의 영혼

물에는 영혼이 있다

샘물이
거친 바위틈을
헤집어 나오면서도
몸에 상처 하나 없는 것 보면
물은 결코 여리지 않다
그의 젊은 심장은
펄펄 끓어 넘쳐서
땅의 혈관에 수혈하고
배에서는 생수가 터져 나와
죽어 가는 꽃을 살리는 것 보면
그에게는 샘솟는 영혼이 있다

물의 눈망울을 보라
흠도 티도 없는 유리알 눈에
맑은 영혼이 흐르고 있다
그의 순수한 영혼과 생명을 마시며
그 눈빛에서 영원을 살고 있다

과속방지턱의 순교

우리 집 앞 골목길에
하얀줄, 노란줄무늬 옷을 입고
사시사철 짓밟히면서도
똥배짱부리며 누워있는
근육질의 사내

측은해서 살펴본다
행여 골목길 걷다가
수없이 죽을 고비를 넘기는 보행자 위해
이 한목숨 기쁘게 바치겠다고 하면서
태연한 듯 반듯하게 누워서도
고개를 옆으로 돌리고
눈을 질끈 감고 있는 것은
아픔 때문일까?

무법자 괴물로부터
생명을 살리기 위해
날마다 십자가를 지고
죽어가는 사내
그는 죽어서도 살아있어

강의 눈물

지난여름 왜 그렇게
태양은 구름을 뒤집어쓰고
눈물만 흘렸을까

흙을 파도처럼 밀어
산을 무너뜨린 폭우는 말했다
도시를 삼킨 것은
산이 스스로 무너져 내린 탓이야
무너지란 말 한적 없어

초동산 토사로
밀려 내리는 물결에
사람들은 둥둥 떠다녔고
그 폭우와 흙의 파도 때문에
강은 또 울어야했다

슬픈 바람의 전설

바람의 날개가
한 번 날면 꽃이 피고
두 번 날면 구름이 간다

나무와 가지를
어루만져주는 손길,
꽃잎 편주삼아
봄의 강을 저어가고,
갈기 세운 구름을 달래
양으로 방목하기도 하는
바람의 날개

자칫 먹구름이
회오리치는 날엔
이성을 잃은 질주와
하늘 밖으로 곤두박질치는 비행길,
스스로는 날개 접을 수 있는
브레이크가 없다

초동 종탑 괘종식날

소리 없는
종이 비상하고 있다
스스로 귀천할 수 없는
종 삼 형제가
밧줄에 친친 감겨
알몸으로 오르는 길
아슬아슬 떨면서 차례로 오르고 있다

하늘의 종루위에서
새파란 가슴 열어놓고
기다림으로 늙어버린 십자가 어깨위에
땅의 무개 하나 더 포개놓는다

땡땡땡
침묵으로 말하는 복음의 종소리
온 누리에 울려 퍼져라
이제로부터 영원까지

오르간 연주와 엉겅퀴

터키의 황무지에는
억세고 잎 끝이 바늘 같은
엉겅퀴의 군락지가 있다

어느 날부터인가
내 안에 그 엉겅퀴가 살고 있었다
평생을 찌르고 찔리며
아프게 살아온 가시
폭군, 태양의 회초리도 무섭지 않았는데
가시밭에 비가 내리기 시작했다
단비로 내리는 수많은 선율,
우뢰소리 몰고 오는 번개 한줄기에
가시들이 힘없이 베어져 나갔다

건반 위에서 춤을 추던 손가락이
음계마다 묘약을 발랐는지
가시에 찔린 상처가 치유되고 있었다

평화교향곡을 연주하고 싶다

- 정전 60돌

평생 쉬지 않고
전쟁교향곡을 연주하며 살아온 60년
전쟁은 음악소리를 낸다
그들은 이 대지위에서
피의 합창을 한다
종전 뒤에도 병사들은 죽어
무명용사비로 남았지만
무기들은 살아서
연주를 멈추지 않았다
나와 임의 심장에
방아쇠를 겨누고 있는
거룩한 애국심이란 이름으로 써내려간
광활한 전쟁교향곡
그 어여쁜 교향악보를
찢어버릴 자 누구인가
예순 살로 생을 마감하고 싶은 나는
다시 평화로 태어나고 싶다
해서 강과 냇물, 꽃핀 들녘이며 산비탈
이 땅위에서 평화교향곡을
영원히 연주하고 싶다

나무들의 나라

어느 날이었다
평화스럽게 살고 있던
나무들의 나라에
북풍 한 줄기 회초리를 들고 찾아왔다
모질게 얻어맞은 나무는
가지마다 피를 흘리고 있었다
우수수 떨어져나간 분신들 뒹굴고
몸통만 남은 나무
칼바람 맞서 싸우면서도
땅속 깊이 뻗어 내린
자존심 하나로 버티고 있었다

어찌 그것을 알았는지
흙은 뿌리를 꼭 끌어안아 주었다
온 몸으로 품어주며 북돋아 주며
우리는 생존 공동체야
나는 네가 있어 무너지지 않는다
태초로부터 숨겨진 비밀을 고백했다

따스한 봄날이 찾아왔다
나무는 다시 치유되고 회복되어
가지마다 찬란한 꽃을 피웠다
나무들의 나라에는 다시 평화가 찾아왔고
나무와 흙은 서로의 손을 꼭 잡고
결코 놓지 않았다

자목련 한 그루 심은 날

마을이 얼어붙어서
봄이 오는 길이 막혔다고
북쪽 동장군의 당당한 기세와
뭉그적거림이 예사롭지 않다고
신문은 아침마다 찡그렸다
두려운 마음에
피난 보따리를 챙겼다
물 건빵, 자목련 한 그루도 심었다
그러나 갈 데가 없었다
꽃을 들고 나가자
사람들은 사방에서 떠들었다
웃고 있는 꽃의 얼굴에
누가 총부리를 겨눌까
집집마다 삼천리 방방곡곡에
진달래 개나리 울타리치고 있는데
누가 총질할까
누구 맘대로 전쟁질이야?

그믐달 · 2

영하의
새벽하늘에
얼어붙어 꼬부라진
은수저 하나
너무 맑아서
보는 이 없어도
차마 집어 들고 올 수 없었다

그믐달 · 3

누가
이 새벽에
슬픔 한 조각 도려내
저렇게 멀리 던졌을까
아침이 오자
산 너머로
꼬리를 감추고 있다

제2부

일어나 함께 가고 있었다

일어나 함께 가고 있었다

겨울이 간다고
봄이 오는 것은 아니었다
나무 가족이 모두 나서서
떠받쳐 주었기에
하늘은 무너지지 않고
봄이 오는 길을 지켜낼 수 있었다

봄이 온다고
꽃이 피는 것은 아니었다
목련이 온 힘을 다해
바람을 가로막고 서서
등불을 높이 들어주었기에
산수유 진달래 배롱이 길 찾아와
꽃을 피울 수 있었다

그들은
일어나 함께 가고 있었다

아기새와 고목나무

아직 날지 못하는 아기새가
고목나무 등에 비비며 뒹굴고 있었다
고목나무가 입을 열었다
네가 찾아주어서
나는 물이 돌고 잎이 돋아났어
네가 가슴에 파고들 때
내 심장에 피가 돌기 시작하고
나는 더 이상 허깨비가 아니었어

이번에는 아기새가 말했다
내가 기대어 보챌 때 손을 잡아주어서
날개가 돋아났어요
이제는 푸른 하늘로
날아갈 수 있게 되었어요

빈 집을 떠나지 못하는 목련 한 그루

봄 햇살이 왔다가
깨진 그릇 속에서 졸다 가고
얼룩 고양이 한 마리
지붕 위를 맴돌다가
친구 찾아 어디론가 사라지더니
적막의 무게를 이기지 못한
늙은 기둥이 다리 뻗고 누웠다

대책 없이 서 있는
키다리 목련 한 그루
빈집을 지키고 있는데
방사능비 산성비 황사비라는
망나니 삼형제가
우르르 떼지어 몰려왔다
우산도 없이
밤새 피워 올린 목련 꽃송이
송이마다 비에 젖어 핏기가 없구나
뿌리내린 늙은 땅, 떠나지 못하고
등불 켜서 두루 비치며
빈 집을 지키다가
고목이 된 목련 한 그루

꽃의 날개

꽃은 그냥 핀 것이 아니다
단단한 비늘을
벗을 때만 태어난다
바람을 찌르던
비수를 뽑아 버렸을 때
비로소 태어나는 꽃
그런 꽃에는 눈이 있다
푸른 하늘만 바라보는
빛나는 눈이 있다

꽃잎마다 햇살이 고인
그 눈에는 빛깔과 향기를 쏘는
눈총이 있다
온 우주를 쏘는 총알이 빗나가는 날
사람마다의 가슴에 꽂힌
파편으로 아름다운 상처를 준다
그 상처마다 깊어가는
밤에는 별을 쏘며
하얀날 찬란한 날개를 접는다

쑥을 뜯어 오던 날

쑥은
어린 봄빛을
찍어 바르고
동네 어귀까지
아장아장 걸어 나왔다
모처럼 어깨동무하고
도리도리 둘러앉아
세상모르고 쑥덕공론하느라
정신 팔렸다

유괴범에게
잡혀갈 줄
꿈엔들 알았으랴

쑥을 캐오다

봄을 본다
여기저기 널브러져
쑥쑥 자라고 있는 봄,
보면 볼수록 앙증스럽다

품안에 넣어가지고 가자
양팔을 벌려서
손에 잡히는 대로
머리채를 잡아채
비닐봉지에 담아왔다
봄나들이 갔다가
봄을 훔쳐 돌아온 날강도

잡혀온 봄은
토라진 기색도 없이
향기와 빛깔을 쏟아내며
애교를 떨고 있다

진달래

달래달래 진달래떡
그 진달래 꽃잎이
활짝 피어 군대를 이루고 있다

그 옛날 진달래떡 가지고
무악재를 지나가던 할머니에게
어흥! 떡 하나 주면 안 잡아먹지 하던
전설 같던 시절의 호랑이는 어디 갔을까?

달래달래 진달래떡
그 진달래 꽃들이
무리지어 일어나 가로막으며
온산을 불태우니
호랑이도 무서워
줄행랑을 쳤나보다

봄은 내 품에서 자라고 있다

문 좀 그만 열어놓지!
중얼거리며 문을 닫으러갔다가
깜짝 놀랐다
뜬금없이 눈에 잡혀온 저것들,
어느 틈에 빈집에 왔던 목련이
우리 집으로 들어오고 있던 참이었다
얼결에 확 닫아버렸다

마음으로 끼어든 갓난아기 입술이
파르르 떨고 있었다
다시 문을 열었다
오물오물 입질하며
방글방글 기어드는 아기들
가슴으로 안아서
젖을 물리듯 품어본다

봄은 내 품에서 자라고 있다

공작선인장이 피워낸 꽃

밤길로 왔을까?
손에 횃불 들고
아침을 불지르고 있다

그것도 잠시
피면서 지는
하루아침을 살기위해
태어난 꽃
백년을 살다간다고
백년초라 하지 않았던가
백년을 하루아침, 살다간 꽃
하루아침을 백년으로 살기위해
그토록 삶을 불태우고 있을까?

삼색 병꽃

한 가지 끝에
세 가지 꽃이 맞물려 피어있다

단 한 번 밖에 살 수 없는 생을
다양하게 연출하고 싶어서일까
동시 삼색 동영상을 하면서
하나로 뭉쳐 있다

빨간 꽃 하얀 꽃 분홍 꽃이
한 뿌리에서 태어나
일난성 세 쌍둥이로
다른 성깔을 지니면서도
한뜻, 한통속으로 머리 맞대고
봄을 여름으로 넘기지 말자고
모의하고 있을까?

여름을 짓다

괴물 포크레인이
지붕을 걷어먹고
담장마저 허물어 맛있게 삼키더니
버티고 있던 봄은
맥없이 무너지고
산산 조각나고 말았어

어느 날 부터인가
땅땅 못질하는 소리
가슴에 대못으로 박히더니
푸른 여름 한층 올려졌어
봄을 보내야 여름을 맞는것
삶을 익히는 불여름을 짓기위해
오늘도 가슴에 못질하고 있어

잣 향기에 스며들다

잣의 옷을 벗긴다
자주 빛 속옷이
맨질맨질 말을 듣지 않는다
비비고 뭉개다가
어쩌다 석류알처럼
쏙 내민 송곳니가 애교를 부린다
앙 깨물어주었다
잣 향기로 가득한 입속은
온통 잣나무 숲이다
잣방울표 계급장을 달고 있는
장군들이 우쭐우쭐 걸어 나오는게 아닌가
모진 훈련과 풍랑 속에
익혀온 송곳니 알알
깨물다가 고놈의 작은 이빨에
도리어 내가 물렸네

씀바귀 김치

새아기가 가져온
씀바귀 김치
연지곤지 찍어 바르고
가마타고 시집 왔는데
신랑이 없다

독수공방 긴긴 밤
무슨 생각을 할까?
온 종일 작은 연못 맴돌며
살래살래 꼬리치는
금붕어 따라가고 싶을까?

심심산천
바위틈에서
같이 놀던 친구생각에
속에서 불이 나고 있을까?

겨울이 오기 전에

나무는
겨울 앞에 서있다
언뜻 스쳐 지나가버릴
남풍의 꼬리를 붙잡고
늘어질 생각은 없다

겨울이 오기 전에
꽃을 피울 준비를 하리라
묵은 향기와 빛깔은
북풍에 날려 보내고
찬란했던 영광의 옷도 벗는다

더 이상의 무게가 없는 몸
홀가분하게 하늘로 치솟아
보이지 않는 손에 닿을 때까지
두 팔 높이 들어올린다

모싯잎 송편

참기름으로 갓 샴푸한
초록 달님의 속살을
한입 베어 물었다
몰핀처럼 온몸으로 퍼져나가는
맛깔과 향기

오랜 세월로 빚어온
식욕보다 강한 향수가
가슴과 가슴으로 띄워 올리는
조선 여인네의 달이다

그 짙은 달빛 받으며
모시밭 길로 가는 나그네
남녘가시네 가슴에도
초승달 하나 돋아나고 있다

수련

정수리에 차오르는
물의 무게를
방석으로 깔고 앉아
오직 하늘을 우러른 그미
태양빛에 반짝이는
두 뺨이 희다

분홍저고리 초록치마
어여삐 여미고
행여 티끌 묻어 있을세라
달빛에 몸을 씻어
새하얀 영혼으로
피어있는 꽃

분재분 앞에서

분재분 앞에서면
가슴이 아프다
어린 것을
폭력으로 휘감아
꿇어앉혀 벌주고
사슬로 친친 묶어
평생을 오그라진
기형으로 살게 해 짠하다
오직 살기 위해
무대 위에서 웃으며
재롱부리는 것을 보면
돌이킬 수 없는
휘어진 너를 붙잡고
참회의 강에 익사 하고 싶다

아침 · 2

오로라의 자궁 열고
갓 태어난 신생아
어둠의 탯줄 끊고
당찬 기지개를 켜고 일어선다
보송보송한 여린 몸에서
세상을 꽉 쥐는
근육질의 손가락,
어떻게 돋아날 수 있을까
아직 피가 마르지 않은
손가락에 붓을 쥐고
어제와 오늘
오늘과 내일이란 화선지위에
삶의 획을 긋기 시작한다

금혼(金婚)

희망 꽃수레
준마처럼 열심히 달려
영광의 금배지 달았다

숨 고를 사이 없이
뒤돌아볼 사이 없이
서툴게 시작한 행보
험한 산길 돌아서던 날
서로의 등을 밀어주며
비에 흠뻑 젖은 날
서로의 발을 씻겨주며
아등바등 아리랑 고갯길
손 마주잡고 달려왔다

한숨 돌려서 둘러보니
든든한 지붕아래
하나님이 주신 어여쁜 선물들
뜰 안에서 알알이 반짝이고
저녁연기 피어나는 앞길에
촛불하나 켜 있다

삶의 갈피에 낙관(落款)하다

세월을
두루마리 삼아
감았다 풀었다
당겼다 밀었다
스케치 없이 그려낸
얼키고설킨 삶이라는 그림 한 점
갈피마다 빛깔이 달라 눈이 부신다

그림의 여백마다
굽이굽이 찍힌
마르고 젖은 발자국
작품삼아 포개놓고
하루치의 수고가 끝나면
감사의 낙관을 한다

꽃길

꽃잎마다
해맑은 웃음
한 장 사진에 담았습니다

삶이라는
구불구불한 미로
사랑하는 이와 함께 가는 길
어찌 그리 아름다운지요
손에 손을 잡고
그려가는 발자국
목련꽃 그늘 아래 낙관해 놓고

이제는
활짝 핀 꽃잎으로
돌아갑니다

초동의 주후 2013년

– 초동교회 창립 68주년에

태초부터
땅에 기초를 두시고
푸른 풀밭에 당신의 피로
몸 된 교회를 세우신 주님
두 손 높이 들어
시와 찬미를 올려 드립니다

이 시간에
달력을 한 장씩 넘기면서
어떻게 달려왔는지 되새겨 봅니다
초동의 나이 고희를 바라보며
인생의 수고가 끝나고
황혼이 깃들어
안주하고 싶은 마음으로
때로는 무너질 듯
비틀비틀 아슬아슬
걸어올 때가 있었습니다
그동안 정든 가족들과
슬픈 이별도 있었습니다

그러나 주님은
밤새 뒤척이며 고민하는
초동의 소리를 들어 주셨고
축 늘어진 어깨를 붙들어 주셨습니다
연초부터
주일마다 교회에 들어서면
반갑게 맞이해 주는 천사들의 안내로
천국 문에 들어서는 기분이었습니다
그동안 얼마나 놀라운 일이 일어났는지요
초동의 풀밭에서는
봄을 알리는 어린 풀잎 소리가
힘차게 나팔을 불기 시작했지요
사순절에는 우리를 위해 피를 흘리신
십자가상을 전시함으로
새로운 각오와 부활을 체험하였습니다
우리 풀밭에는 크고 작은 나무들이
서로를 위해 손을 흔들어 격려하고
새들을 품어주고 바람을 잠재우며
치유되고 회복되는 역사가 일어났습니다

보배와 질그릇이 태어났고
어린이 성서학당을 비롯하여

성서대학을 통해서
말씀으로 굳게 무장하고
얼키설키 얽힌 하늘가는 길을
잘 정리하였습니다

그늘진 곳에서도
이름 없이 말도 없이
궂은 일 도맡아 힘겹게 섬기며 나누며
일해 온 주님의 숨은 손발들
날이면 날마다 눈물로 기도하며
몸 된 교회를 섬기며
영적으로 개척해 온 신실한 주님의 종들
동분서주하며 한숨 돌릴 사이 없이 달려서
뜨거운 영성수련회로 꽃 피웠습니다
온 교우가 그리스도 안에서
사귐과 나눔으로 주님 찬양할 때
장마철인데도 야외활동 때는 비를 멈추시고
안에 들면 비를 내리시는
물기둥으로 인도해 주시는
신비한 체험을 했지요

불편한 천막 속 쪼그린 잠결 속에서도

한 마음 한 가족 공동체로 묶어 주셨습니다
눈물범벅이 된 저녁 예배시간
그것은 오순절 다락방
갈급하여 무릎 꿇고 부르짖던 순간마다
주님의 임재를 체험했지요
펄펄 끓는 성령의 불로 인도하시는 주님과
주의 종들의 안수로
모두를 거듭나게 하셨습니다
초동을 돌보시는 하나님도 힘드셨지요
초동이 꽃피워 올리는 향기를
얼마만큼 받으시는지 주님은 아십니다

이제 초동 공동체의 갈 길은
오직 예수!
당신의 피 값으로 하나님의 자녀된 우리
그 사랑을 증거하는 나팔을
힘껏 불겠습니다
부르실 때 예라고 순종하는 초동이게 하소서
서로 아끼며 품어주는 풀밭
주님의 은총이 강물처럼 흐르고 있음을
감사의 시로 찬양합니다

추모시

\- 고 이현작 권사님을 추모함(2013. 8. 23)

오늘은
새벽부터 천둥 번개를 동반한,
비가 무섭게 쏟아집니다
마음을 때리는 듯한
천둥번개에 놀라서
여름을 불태우던 배롱이 꽃도
화들짝 놀라서 한잎 두잎,
어디론가 몸을 숨기고 있습니다

우리의 삶 속에 또,
얼마나 많은 비가 쏟아져 내렸는지요.
우산을 받아도 푹 젖은 삶의 무게
천 근 만 근 짊어지고
지팡이에 의지하셨던 삶을
이제 내게로 오라
편히 쉬게 하리라 하신
주님의 품에서 안식하시는 권사님,
그 나라에는 비바람도 천둥번개도 없겠지요

언젠가 고추장 담을 유리병을 주셨지요
고추장 한 병을 드렸더니

맛있게 먹을게 하시며 웃으시던 모습도
빗물에 젖어 옵니다
그걸 다 드시고나 길을 떠나셨는지요.
오병이어의 기적처럼 베푸신 사랑이 부풀어
유리병이 가득가득 넘쳐흐르고 있습니다

권사님께서
지난 부활주일 이후에 아픈 몸을 이끌고
어렵사리 마지막으로 교회에 오시던 날
당회장 목사님께서는
"오늘 이현작 권사님께서 부활하셨습니다"
이렇게 인간의 참 부활을 선포하셨고
온 교인이 우렁찬 박수로 화답했었죠
권사님은 하늘나라 가셨지만
우리 남은 사람들의 가슴 속에 살아계시니
참으로 부활하셨습니다

권사님이 놓고 가신
손 때 묻은 신앙의 지팡이는
우리 초동 가족들의 미래가 되었습니다.
생수가 넘쳐흐르는 초동의 풀밭에는
많은 열매가 맺힐 것입니다
이제는 비가 그치고 맑은 날만 있는
주님의 나라에서 편히 쉬시고
영생복락 하십시오

용을 위한 시
- 1964. 7

시가 되려고 왔소
바닷속 깊이 감추인 진주알보다
더 맑은 눈망울
어디에 감추었소

무엇을 생각하는 것일까
가브리엘 같은 얼굴엔 표정이 없소
안델센 동화의 어머니처럼
칠흑 같은 온 밤
사위어가는 영을 지키고 있는데
비둘기를 닮은 눈이 보스르 감기고
고 가냘픈 날개를 펴다

훨훨히
새벽길을 가고
남은 건 전설 같은 이야기
하늘에 전하는 안부는
그대로 기도가 되었소

언제나 한 살인 아가는
자장가를 잃은 엄마의 가슴 속에
어여쁜 시를 남기고
머리칼 하나도 보내지 않은 엄마는
정녕 미이라와도 같은
마음을 지녔소

황순원 선생님의 초고집 앞에서

작가 황순원을
소설가로 잘못알고 있었다
선생은 작가가 아닌 언어를 다루는
도규술(刀圭術)의 달인이었다
그가 집도한지
100년이 지난 후에도
칼자국이 지워지지 않은
소설 초고집 앞에서
메스솜씨에 탄복했다
한편의 작품을 살려내기 위해서
마취제도 없이
얼마나 많은 수술을 했는지
몸에서 붉은 피가 흐르고 있었다
저토록 아픔으로
「소나기」는 온전한 생명으로 태어났을까

언어의 명수술을
천직으로 알면서도

칼질다운 칼질한번 제대로 못해본
서투른 내 칼솜씨
햇볕 찬란한 날 소나기 한줄기에
붉힌 부끄러움만
한가슴 안고 간다

요석군 영혼에 부르는 노래

- 2008. 9. 4

해맑은 날
만세 부르며 태어난 꽃봉오리
햇살이 쓰다듬어주더니
이마에는 피가 돌고
잎잎마다 물이 솟아
가슴 부풀었는데
뜬금없이 몰아치는 회오리에
낙화가 되었구나

한때 튼실하게 자라서
엄마 아빠는 자랑스러워했었지
구절구절 읽어 내리던 말씀
그대로 펼쳐 놓고
다시 덮어 놓지 못했어도
정녕 네 탓이 아니다
비록 꽃은 졌어도
빛깔과 향기는 남아 있구나

비바람 없는 나라에서
찬란하게 꽃으로 피어나거라

제3부

독도를 쓰다듬고 싶었다

영월기행 · 1

\- 고운님

소년티가 가시지 않은
홍조 띤 얼굴로
경복궁을 나와
영월을 향한 행보의 모습
어여쁘시다
삶의 길이었으면 좋겠다

옥색 두루마기 입고
글 쓰고 앉아있는 앳된 모습
사랑스럽다
인형이 아녔으면 좋겠다

뱃길로 간 머나먼 이별
아기 신부 업어주고 싶었으련만
지긋이 누르시고
날마다 경복궁을 향해 절하였다니
썰물이 빠져나가듯 짠하다

끝내 피지 못하고 돌아간 낙화
단종대왕님

영월기행 · 2

– 개똥쑥차

단종 무덤가에
웅크리고 앉았었을 법한 개똥쑥
장릉입구, 차 끓이는 여인의 손에서
사랑받고 있었다
잘 달여진 차 한 모금 마셨다
새파란 것이
피도 마르지 않은 것이
어른을 톡 쏘아붙인다
씁쓸하다

단종대왕을
억지로 일찍 보냈다는
어른들을 쏘는 맛이렷다
개똥쑥차라고
웃어넘기려던 마음을
포장한 채로 동강에 내다버린다

영월기행 · 3

– 김삿갓과 풍시조

둘 다 칼이나 가시가 있다
바람으로 떠다니면서
썩은 곳을 도려내거나
들 찔레처럼 가는 곳마다
찌르고 다녔다는 김삿갓의 가시

장미꽃 미소로
세상의 굽은 곳을
단칼에 펴고
일침을 가하고 있는 풍시조의 가시

첨예할수록
크게 통징(痛懲)을 느끼며
도려낸 곳마다
침을 맞는 곳마다
아플수록 시원하며 새살이 돋아나니
이 시대를 수술하고 다니는
언어 치유사다

독도를 쓰다듬고 싶었다

군에 입대한 아들을
면회 가는 기분이었다
태어나면서부터 동해를 지키는
건장한 서도와 동도
푸른 옷자락으로 허리를 동여매고
하얀 파도의 칼날을 휘두르며 서있었다

사진에서 보기에는 쇠똥 같았는데
크고도 웅장한 기상과 그 품이
넉넉하고 믿음직한 장군의 모습이었다
배에서 내려 땅을 밟는 순간
손에 쥔 태극기가 파르르 떨었다
동도는 다리에서 머리끝까지
계단으로 오르내릴 수 있었으나
끝까지 오르지 못하고
무릎까지만 갈 수 있었던 점이 아쉬웠다

주변을 빙빙 돌고 있는 갈매기 떼
날개를 좌우로 흔들며 나선형을 그려

그 안에 가두려는 듯
누군가를 겁주고 있는 듯 했다
파도의 손톱에 할퀴면서도 끄떡하지 않는
구멍이 숭숭 뚫린 못생긴 얼굴
꼭 안아 쓰다듬어 주고 싶었다
배는 무심하게 떠나왔지만
어린 경비병들의 검은 얼굴이
한사코 파도를 타고 따라왔다

울릉도의 맛 서너 조각

울릉도는 아무나 가나
네 번의 시도 끝에 도강했으나
발이 묶여 하루 더 묵었다

울릉도 호박엿,
울릉도 살찐 오징어 잘근잘근 씹으며
울릉도가 아니면 맛볼 수 없다는
따개비밥, 홍합밥에
씨껍데기 술 한 잔으로
배 안 타도 울릉도가 출렁이며
빙빙 돌아 멀미를 했다

울릉도 길은 길이 아니고
울릉도 차는 차가 아니었다
차를 탄 게 아니라 말을 탔다
멋있는 백마를 타고
울릉울릉 덜컹덜컹 달렸다

울릉도 바람은 바람이 아니었다
한번 탁 채가면 끝나는 돌풍이었다
황토구미 전망대 꼭대기에서
하마터면 낚아 채여
하늘나라 갈 뻔했다

울릉도 노타리는 소꿉장난이었다
가운데 화분 몇 개 놓은 듯한
하나밖에 없는 노타리를
장난끼 많은 기사의 스릴 곡예로
뱅글뱅글 팽이 돌리듯 빠져나왔다

이스라엘 순례기 · 1

- 베들레헴의 밤

나오미의 고향이자
다윗의 고향이며
예수가 나신 땅,
떡집이란 뜻의 베들레헴에서
첫날밤을 묵었다

밤새 양을 지키던
목자들은 보이지 않고
낙타 대신 은빛 날개에 실려
동방 대한민국에서 온 나그네
말구유에 누우신 주님을
호텔 구석에서 찾으며
그 옛날의 별을 헤고 있었다

낯선 손님 마음 읽기라도 한 듯
멀리서 인기척 하는 개 짖는 소리
심한 경비 속에 갇혀있는 베들레헴과

초라한 나그네의
영혼의 구유를 찾아주신 분,
잠이 달아난 빈 가슴으로 맞이하니
개 짖는 소리도 반기는 말인 듯싶어
포근하게 들려왔다

이스라엘 순례기 · 2

– 분리 장벽 안에서도 꽃은 핀다

이스라엘과 팔레스틴 사이에는
입을 봉한 근육질의 사내가
버티고 서 있었다

같은 조상의 형제와 형제
피와 피 사이를 흐르는 혈통을
싹뚝 잘라버린 분리 장벽은
첨예한 칼이었다
사라졌다던 베를린 장벽,
만리 길 따라온 3 · 8선의 그림자가
흉물스러웠다

왕눈 부라린 보초가
감시망을 펼치고 있는 문을
비자도 없이 어떻게 들어왔는지
당찬 아몬드 꽃잎이
쌀쌀한 팔레스틴 길목마다
따뜻한 봄을 퍼부으며

형제들의 마을에 화해를 재촉하는지
분홍빛 찬란한 종을 메아리로 풀어
음흉스런 사내의 귓속을
후벼 파내고 있었다

이스라엘 순례기 · 3

- 예루살렘

예루살렘은
여러 차례 수난을 겪으면서도
유대인들의 영원한 수도가 되었고
만인의 사랑을 받으며 살이 쪄가고 있다
평화의 도시라는 뜻과 달리 아이러니컬하게도
50여 차례의 외침을 겪었던 도시
겉으로 보기에는 멋있는
베이지색 일색의 건물,
석양에 물들어 황금빛으로 빛나고 있었다

주님이 세상을 구원하기 위해서
어린 나귀타고 입성하셨던 길을
타박타박 걸을 때는
길가에 핀 아몬드꽃잎을 뿌리고 싶었다
감람산에서의 최후의 기도 소리
절대로 내 몸에 못박지 마시오
그러나 아버지의 뜻대로 하십시오
예루살렘을 향해 흘리셨던 눈물도 모른 채

끝내 십자가의 길로 몰아세워
메시아를 죽이고 침묵했던 도시

그 작은 예루살렘의 품에 안겨
지금도 살아 숨 쉬고 있는
크고도 놀라운 메시아사건을
눈으로 확인하고 만져보고
내안에도 살아계시는 그분을
사랑한다고 고백하고 싶었다

이스라엘 순례기 · 4

– 사해 체험 한조각

아미 속 사해는
끈적끈적한 죽처럼 소금물이 응고된
죽은 저수지 같은 거였다

눈앞의 사해는
끝이 보이지 않는 유리알이 깔린 바다
지느러미와 비늘 파닥거리며
푸른 상어 떼로 엎디어 있는 원시
풍덩 뛰어 들어 그 등에 업히고 싶었다

사해의 물이
눈에 들어가면 썩는다기에
다리를 펴면 뒤집힌다기에
눈을 감고 다리를 오그리고 들어가
등에 업힌 채 둥둥 떠다녔다

온몸에 진흙 칠 하고 나니
인디언이 따로 없었다

예수님도 그 바다에서
머드팩을 하셨을까
죽은 물을 보시고 부활을 꿈꾸셨을까?
의문부호 하나에 질질 끌려 다녔다

이스라엘 순례기·5

- 어쩌다 이집트에 붙잡혔다

입국할 때 이집트사태로 긴장했으나
들어가니 나일강물처럼 잔잔했다
요르단에서 이스라엘로
이스라엘에서 이집트로
하루에 3개국 문턱을 넘다보니
눈알이 빙빙 돌아 아찔했다
그 나라가 그 나라 같은 사막지대의 나라
수백년을 떠돌아다니던 이스라엘과
악연의 연결고리를 맺고 있는
악순환에 감겨있던 나라들이다
이집트는 야곱의 자손들이
기근으로부터 구제되었으나 종살이 하던 곳
모세가 십계명을 하사 받은 곳
어린 예수가 해롯을 피해 생명을 구한 곳
은총의 요새였으나 신(神)의 방망이였던 곳으로
보이지 않는 신(神)의 계획과 역사가
살아 움직이는 땅이다
제왕이던 바로왕도 가고 무바라크도 떠나고

살기 힘든 사람들이 요르단으로 떠난다지만
남아있는 클레오파트라같은 이집트의 향수가
가슴을 움켜쥐고 놔주질 않았다

이스라엘 순례기 · 6

– 시내산 정상에 오르다

하나님의 말씀이 왔다는
호렙산이라고도 불리며
해발 2,285m의 위용을 자랑하는
이집트에 있는 산

새벽 2시, 머리에 라이트 켜고
신발끈 단단히 조인 후
무릎관절, 고혈압, 심장질환자는 못가요,
넘어지거나 떨어지면 큰일나요.
안내의 호들갑에도 귀 막고
몰이꾼의 낙타도 사양하고
쌩으로 돌산 길 올랐다
이 산에 오르면 반드시 죽으리라,
산 둘레에 경고 표지했던 기록이 떠올라
하나님이 무섭기도 했다

팔십세 할아버지가
이 험악한 돌산에서

어떻게 사십일을 지탱할 수 있었을까
의문이 놀라움으로 바뀌었다
모세가 십계명을 받았던 정상에 오르니
그 옛날 하나님께서
불속에 내려오셨던 것처럼
하늘로 솟아올라가는 일출,
붉은 손이 골짜기의 어두움을 걷어내고
목이 굳은 무릎도 꿇어 앉혔다
터져 나오는 순례자들의 환호소리가
보좌를 흔들었는지
모세가 만났던 그분이 가슴으로 오셨다

이스라엘 순례기 · 7

- 마가의 다락방에 들어갔다

자칫 성경의 한 페이지로
넘겨 버렸을 그 곳
돌벽으로 둘러싸인
무뚝뚝한 건물의 품에 안겼다

두리번거렸다
걸어놓은 문으로 들어오셨다는
그 분의 체취와
그날의 신도들의 울부짖음이
숭얼숭얼 벽을 타고 튀어나오는 듯해
순간 아찔하고 혼미해졌다

불의 혀같이 갈라졌다는 성령,
너무 뜨거워 뒹굴다가
언어와 언어가 범벅이 되었다는 곳
알 수 없는 그 무엇이
가슴에다 방망이질을 했다

그날의 주님은
다락방 어디에도 갇혀있지 않았고
미로에서 헤매고 있는
열리지 않는 마음의 창을
누군가가 두드리고 있었다

이스라엘 순례기 · 8

– 만국교회(겟세마네교회)

겟세마네교회가 파괴된 후에
만국의 헌금으로 세워진 교회
8그루의 감람나무가 2000년 넘도록
그 현장을 지키고 있었다

겟세마네는 기름을 짠다는 뜻
주님이 아버지께 매달려
마지막 기도하실 때
눈물과 땀방울로 기름을 짜며
살려달라고 애원하시던 곳
결국 자신의 뜻을 포기한 곳

매우 고민하여 죽게 되었으니
나와 함께 깨어 있으라 당부해도
피곤해서 잠에 떨어진 제자들 때문에
더 외로우셨을 그 자리에
내가 제자되어 졸고 있었다

이스라엘 순례기·9

– 기다리고 서 있는 돌무화과 나무

여리고에 도착하자
우람한 팔을 벌리고
반갑게 맞이해주는 키다리가 있었다
키가 작은 사캐오를 무동태워
여리고성에 입성한 주님을
만나게 해준 일등 공신이다
역사의 증인으로 살면서
수만 개의 녹색훈장을 달고
자랑삼아 흔들어 보이고 있었다

그는 청년의 모습으로
여직 그 자리를 떠나지 않고
또 다른 사캐오를 기다리고 있었다
"키 작은 사람은 오세요"
그 분 다시 입성하실 날 기다리는지
튼실한 햇살 몇 가닥
당겼다 놓았다
수많은 손가락으로 분주하게 연주하며
환영 준비를 하고 있었다

이스라엘 순례기 · 10

– 슬픔의 길

주님께서
나무 십자가보다 더 무거운
나의 죄를 짊어지고 가시던 길
두 사람씩 짝을 지어 십자가를 지고
그 발자국마다 포개 밟았다
어느 여인이 주님의 얼굴에 흐르는
땀을 씻어주었다는 곳에서 땀을 흘리며
억지로 짊어졌다던 곳에서 묵상하고
쓰러지고 엎어졌다던 곳에서 함께 쓰러지며
열두 정거장을 밟았다

아픔보다 무서운 건 대답 없는 아버지,
아버지여 나를 버리시나이까?
아버지는 어디서 무엇을 했을까?
죽는 일보다 무서운 것은
아버지가 외면하는 일,
주님이 흘리시던 눈물이
슬픔의 길을 타고 흐르는 듯
십자가를 짊어진 이마다 눈물범벅이었다

천사가 나타났다는 무덤 뒤,
예수님의 시신이 묻혔던 무덤,
손을 내밀어 그 자리를 만져보았다
살아계신 그분의 온기가
침묵의 무게에 눌린 영혼 속에 스며들어
심한 떨림으로 파도타기를 했다

이스라엘 순례기 · 11

– 십자가의 길(비아돌로로사)

십자가의 길은
주님이 70kg정도, 나무십자가를 지고
골고다까지 걸어가신 길이다
고난의 길, 슬픔의 길, 아픔의 길이었지만
눈물 없는 생명의 길이요 구원의 길이다

세상 모든 죄를 짊어지고
꼬불꼬불 가시던 고행길
바윗덩이 십자가 지고 따라간들
주님 마음 헤아릴 수 있을까?
그 얼굴에 침 뱉으면서
로마 병정 탓만 했어

이마에 흐르는 땀을 씻어 줄
마음의 손수건 하나 없어
쓰러졌던 지점마다 귀 기울여도
고통소리 들리지 않았다
십자가에서 운명하신 곳에 이르렀다
잠시 심장이 초점을 잃었다

묻히셨던 동굴속 묘소
3일 후에 부활하셨던 곳에서
구원의 기쁨과 감동으로
다시 피가 돌았다

중국 구체구에 가다 · 1

- 고산지대 기행 소묘

미지를 향해
원시림 속을 걷는다
해발 4,000m의
중국 구체구의 높은 산골짜기
황룡 케이블카에서 내려서
7킬로미터를 더 걸었다
고산병 예방약이란 것도
산소통도 소용이 없었다
바위에 눌리는 듯한
중량을 가누기 힘든 정수리와
윙윙 멍멍 해진 귀
새 가슴처럼 팔딱이는 가쁜 숨
창자 속까지 훑고 돌아나온 구토
스프링이 달린 몸처럼
끌었다 놓았다 헛발질하는 짓이
모래주머니 찬 특수요원의 다리처럼 무거웠다
옷자락을 끌어당기는 듯한
보이지 않는 힘에 조종당하는 이상한 느낌

이래선 안 돼, 끝까지 가야 해, 이겨내야 해!
한사코 다리와 마음이 따로 놀면서도 동행하는 길
초점 잃은 갈짓자 걸음 위에도
흔들리지 않는 태양은 비치고 있었다

중국 구체구에 가다 · 2

- 이상한 발음

중국 황룡에서의 일이었다
백설 뒤집어 쓴
Y자 V자 알파벳 글자들이
해병대처럼 스크랩을 짜고
씩씩하게 버티고 서 있었다
누가 해발 4,000m까지 올라가
한 마리 짐승으로 엎드린 황룡 등에
진초록 글씨를 써 놓았을까
땅에서 하늘까지
촘촘하게 써내려간 글씨로 병풍을 쳤다
지나가던 바람도 가지에 주저앉아
서투른 발음으로
Y.V.Y.V 글씨공부를 했다
종일 소리 내어 읽어 보았다
아아아! 으으으으!
입 따로 마음 따로
내 발음도 생뚱같았다
글자 다르고 발음 다르게
작품해 놓은 그는 누구일까

중국 구채구에 가다·3

– 오화해(五花海)의 비밀

한 호수에서 여러 가지 물빛이
뿜어나오고 있었다
발밑에서부터 차례로
노랑 연두 초록 파랑 쪽빛으로
번져나가는 무지개였다
하늘에서 내려온 무지개가
아예 돌아가지 않을건지
가슴을 풀어헤치고
첨벙첨벙 햇빛과 놀고 있었다
산 그림자도 물러선 자리
오색 물꽃잎과 물꽃잎끼리
부딪히며 뒹굴면서 사는 곳
고산병도 고개를 숙였다

오화해의 물꽃들이
어울려 하나로 살면서도
서로가 존중하며 평생
자존심을 지킬 수 있는 비밀은 무엇일까

중국 구체구에 가다 · 4

– 오채지(五彩池)에서

중국 구체구의 한 골짜기
해발 4,000m에서 비틀거리며
5km쯤 걸어 내려갔다
논다랭이 같은 늪의 허리를 안고
시계바늘로 한 바퀴 돌아서니
바둑판처럼 들어선 호수가 있었다

비취알, 옥구슬이
철철 넘치고 있는 곳
누가 이 보물을 굴려보내고 있을까
높은 산맥을 타고
수억 년 뼈를 녹인 광물질이
오솔오솔 모여 반짝이는 곳
태고의 고난은 사라지고
환희가 생글생글 웃고 있었다

사람도 수억 년 원시로 살다보면
저토록 아름다운 빛깔을 낼 수 있을까

제주 4·3 평화기행·1

- 4·3의 꽃 동백꽃 피다

모진 비바람에
피어보지 못한 채
떨어진 꽃봉오리
송이마다 이름 없는
무덤으로 누워 잠들었다

빙점 눈금 삼아
키워낸 어린 봄날
불타는 십자가 꽃
부활의 꽃으로 피어나는가

4·3의 꽃 동백꽃은
혼과 혼이 꽃잎 되어
성화(聖花)로 피어났다

제주 4·3 평화기행·2

– 목시물 굴

고난주간에
함께 걷는 평화의 길
4·3사태 피해 제주사람들이 피신했던
땅굴 속을 체험했다
입구는 멧돼지가 파놓은 굴처럼
우물에 들어가듯 발부터 내밀어
겨우 몸 하나 들이밀 수 있는 좁은 통로
걸리적거리는 소지품은 다 버려두고
몸만 빠져나가야 했다
머리에 헬멧을 쓰고
오직 손에 쥔 것은 빛줄기 하나
모든 소유를 버려야 했다
그때도 버릴 것 다 버리고
오직 한가지 생명만을 가지고 갔을
그 생명마저 빼앗아간
칠흑 같은 어둠이 무덤으로 도사리고 있었다
어둠속에서도 그들이 쓰던 그릇 파편들은
그들의 잠들지 못한 생령이듯

아직도 숨을 쉬고 있었고
이승을 떠도는 원혼처럼
박쥐는 날카로운 바위를 걷어차며
비상할 날개를 세우고 있었다

제주 4·3 평화기행·3

- 큰 넓궤굴

4m 칠흑 낭떠러지
빛과 손길 도움 없이는 불가능한
오직 감각으로만 내려갈 수 있는 길
송곳날선 낮은 동굴
누에처럼 움추렸다 펴면서
갈비뼈 삐걱했다
장내시경 하는 수술 기구되어
더듬거려 가장 후미진 곳에서
촛불을 껐다
이 세상이 없어졌다

그 옛날 동굴에 갇혀있던 제주사람과
무덤에 갇혀있던 주님의 모습이
공포의 동영상으로 퍼덕였다
다시 촛불을 켰다
이 세상이 다시 살아났다
무덤에서 나오신 주님처럼 부활하여
칠흑 동굴 빠져나온 영혼들이
얼키설키 가시나무 가지마다
새싹으로 돋아나고 있었다

5·18 민주묘지에서·1

- 꽃은 피고 있었다

꽃은 피고 있었다
삼십년 세월에도
늙지 않은 5·18 민주묘역에
영령들의 혼이 불을 밝히듯
송아 송이 꽃잎을 피워내고 있었다

빗발치던 소나기도
뇌성벽력의 먹구름도
혼으로 밝힌 빛을 가리지는 못했다

잠시 꺾이었던 그대들,
아픔만이 아픔을 치유할 수 있는
빛으로 여는 길을 향해
아픔을 딛고 일어섰다
죽음을 넘어
부활의 언덕에서
발자국마다 꽃잎이 되어
다시 꽃은 피고 있었다

5·18 민주묘지에서·2

- 몸으로 드리는 기도

둥둥 두둥둥
앞장서서 걸어가는 북소리
발자국으로 찍힌다
찍힌 발자국 따라
자랑스러움과 위로와 감사를
조약돌에 담아
돌비의 가슴에 올려놓고
피가 돌 때까지 어루만져 주리라

북소리에 깨어 일어난
발자국 없는 대열,
어깨 나란히 묘지를 돌며
해가 구름에서 벗어날 때까지
침묵의 말춤을 춘다

손에 손을 잡은
수천의 기도의 발자국
평화의 북소리에 맞춰
오늘에서 내일, 내일에서
하늘 저쪽까지 찍혀 가고 있다

그 통영에 가고 싶다

통영은
흠도 티도 없는
금이 가지 않은
잘 소성된 고려청자,
손으로 꼭 쥐면
푸른 물감이 자르르
유액으로 흘러나오는
호리병이다

그 넓은 유리알 바다가
어떻게 호리병속에 들어갔을까
햇빛 쏘아대도 깨지지 않고
들어간 물컹한 비린내는
또 얼마나 더 곰삭고 있을까

이순신 한산대첩비의
이마를 어루만지고 있던 낙일,
떠나기 싫은지
새파란 바다 치마폭에 주저앉아 떼를 쓰다가
뒤늦게 부끄러움을 알고 얼굴을 붉히고 있었다

DMZ 주변 평화걷기

나는 발이다
산이나 들이나 가시밭길
아무데나 다니며
모두를 어루만져준다
내게는 따뜻한 가슴이 있기 때문이다
화석정에서 임진각까지 걸어서 간다
비무장지대와 중무장지대가
나란히 손을 잡고 눈을 흘기는 곳
그곳을 걸을 때면
나도 가슴앓이를 한다
걷고 또 걸으며
갈등과 불화를 끌어안으며
가슴을 펴 보듬고 쓰다듬어준다
가다가 쉬다가
반백년이상 디스크를 앓고 있는
허리를 주무를 때면
한발자국도 더 내딛지 못한
통한으로 아파온다
통한(痛恨) 아닌 통한(統韓)은 부질없는 꿈일까
가슴에 태극 날개 매달고
평화의 열차로 달리고 싶다

철원 하늘에 찍힌 새발자국

며칠 전 북한군이
2발의 기관총을 쏘았다는 곳에서
멀지 않은 곳

단풍잎 사이로 내민 얼굴,
지뢰밭 출입금지 표지판이
검은 눈동자를 굴리며
긴장하고 있다

곡창인 옥토를 잃고
김일성이 3일을 울었다는 철원 평야,
그 맛깔진 오대쌀을 거둬들인
삭발당한 들녘 저쪽으로
백마고지의 피비린내를 알고
이곳을 사수하려는지
V자 발자국을 하늘에 찍으며
철새 떼가 비상하고 있다

몽골에서 · 1

– 복음의 꽃이 피다

몽골의
광활한 초원에 앉아
스스로 아담이 되었다

동산을 두루 살펴보니
하늘과 잔디밭이
이마를 마주하고 살고 있는 곳
어찌 알고 마중 나왔는지
이름 모를 꽃들이 옹기종기
아살아살 애교를 부리고 있었다
그미의 이름을 불러주리라
별 꽃, 달 꽃, 바람 꽃, 에델바이스
이름 지을 수 없는 순수의 꽃,
네 이름은 어여쁜 복음의 꽃이다
이름을 차례로 부르고 있었더니
소리 없이 응답해 오는 듯
여기저기 황무지와 늪에서,
톨강가 자작나무 숲에서도

보이지 않는 신비한 복음의 씨가
파릇파릇 돋아나고 있었다
몽골의 에델바이스, 복음의 꽃이
망울망울 피어나고 있었다

몽골에서 · 2

– 무상한 칭기즈칸의 말발굽 소리

칭기즈칸
어디나 그 이름 위에
몽골은 살고 있었다
국제공항도 칭기즈칸
영화 제목도 칭기즈칸
보드카는 물론
맛깔스런 몽골 요리도 칭기즈칸.
골프장 같은 칭기즈칸 공원
초원의 한복판에
거대한 칭기즈칸 동상이
하늘을 찌르고 있었다

동방에서 서방까지 가로질렀던
모든 땅이 몽골이라던 한때
고려를 짓밟고 바다 건너 일본,
멀리 동로마까지도 말 타고 달리던
한 사나이의 끝없는 야망의 질주에
브레이크를 걸 수 없었던 때가 언제였던가
지금은 온통 잔디로 남은
그의 말발굽 소리가
몽골의 벽에 갇혀 숨을 죽이고 있었다

몽골에서 · 3

- 게르에서의 밤

양떼들과
휘파람소리 잠이 든 밤
푸른 초원 위에
한 마리 짐승으로 엎드린
몽골의 전통 집 게르에 누웠다

뻥 뚫린 천정으로
하늘이 들어앉았고
별들도 찾아왔다
이국 나그네 그리워, 여름밤이 추워
난로지핀 방을 기웃거리는지
또랑또랑한 몽골의 별빛
가슴에 안고 잠이 들었다

비릿한 양털냄새가
스물스물 혈관을 타고 퍼져 마취된 듯
어느새 몽골사람 다 되었다

몽골에서 · 4

– 몽골 선교지에서 작은 고백

우리는
그 신비한 일을 위해
야크가 노닐고 있는
몽골의 심장 톨강을 단숨에
가로 질렀습니다

하늘을 날아온 나그네
낯선 이국의 바위에 앉아
가슴으로 노래하며
광활한 초원에 복음을 심기 위해
팔을 걷어 올리고
사고의 아픔도 묶어버렸습니다

당장 필요한 것은
우리의 손길,
아니, 주님의 손길이었습니다
하지만 복음의 씨를 심고
감싸줄 손이 그 분께는 없었습니다

우리가 가졌기 때문입니다
당신의 비밀을 게시하기 위해
손발을 다 주시고
함께 일하시길 원하셨기에
주님의 사랑 심는 곳에는
오직 순종이 있을 뿐이었습니다

제4부

시집 평설

시인과 하나님의 합작시집

-『귀의 비밀』을 읽으며

정대구(시인)

하나님은 천상천하 삼라만상을 호명하여 불러내신 만상의 창조주요, 따라서 사람 역시 하나님이 직접 지으신 피조물이긴 하지만 사람 중에 시인이라는 사람을 일러 제2의 창조주라고 하지 않던가요.

태초에
빛이 있으라하니
빛이 생겨난 것은
빛에도 귀가 있기 때문입니다

-「귀의 비밀」 1연의 앞머리

태초에 하나님이 천지를 창조할 때 첫째 날 지으신 것이 '빛'

이지요. 하나님이 '빛이 있으라' 함에 빛이 생겼지요. 그런데 여기서 시인 이소희는 하나님이 지으신 빛에 '귀'를 달아 준 것입니다. 그렇지요. 만약 '빛'에 하나님의 말씀을 들을 수 있는 귀가 없었다면 '빛'은 생겨나지 않았겠지요. 왜냐하면 하나님이 호명하는 말씀을 들을 수 없을 테니까. 그래서 이소희 시인은 이렇게 시로써 말합니다. '빛이 생겨난 것은/빛에도 귀가 있기 때문입니다'라고. 이런 놀라운 발견은 우리가 시인을 제2의 창조주라고 불러 손색이 없을 듯합니다.

성경에 바탕을 둔 시인의 창조적 상상력은 같은 시에서 다음과 같이 이어지지요.

> 사람의 귀만
> 손수 빚으신 까닭은
> 당신과의 사랑을
> 소통하기 위한 배려입니다
>
> -「귀의 비밀」 2연의 앞머리

빛의 귀는 시인이 달아줬지만 사람의 귀는 하나님이 '손수 빚으셨다'는군요. 그 까닭을 '당신과의 사랑을/소통하기 위한 배려'라고 시인은 적습니다. 여기서 당신은 물론 하나님일 터, 우리에게 귀가 있는 까닭이 하나님의 말씀을 잘 듣고 하나님과의 사랑소통을 잘하라는 하나님의 배려였군요. 그럼에도 불구하고 많은 사람들이 하나님 말씀을 못 알아듣는 통속적인 먹통

귀를 형식적으로 달고 다닙니다그려.

이 대목에서 우리가 짚고 넘어갈 사안 하나가 있습니다. 빛은 귀가 없이도 하나님의 말씀을 잘 알아듣는데, 우리 인간은 멀쩡한 두 귀를 가지고도 하나님의 말씀을 듣지 못하는 사람이 많다는 것이지요. 그 까닭이 무엇일까. 온몸이 찬란한 빛은 빛 그 자체가 영적 존재이기에 시인이 달아준 보이지 않는 심령의 귀로써 하나님 말씀을 곧 전신의 빛으로 받아 소통할 수 있지만, 육신에 얽매인 나 같은 대부분의 사람들은 빛과 같은 영적 존재가 아니기에 두 귀를 갖고도 하나님의 말씀을 알아듣는 그런 신비의 경지에 이르기는 불가능하고 이 시의 화자와 같이 신앙심이 강한 영적인 사람만이 심령의 귀로 하나님의 말씀을 알아듣고 하나님과의 사랑소통이 가능하다는 점이지요.

여기서 한 걸음 더 나아가 시인은 하나님과 함께 영생까지 같이 갈 수 있음을, 이어지는 다음 시구에서 보여주고 있네요.

> 우리의 귓바퀴들은
> 사랑의 밀어를 싣고
> 영원을 달려가는 신비한
> 그분의 시계바늘입니다
>
> -「귀의 비밀」 2연의 후반부

시인은 독자를 다시 한 번 놀라게 합니다. '우리의 귓바퀴들은/영원을 달려가는 신비한/그분의 시계바늘'이라니 놀랍지 않은가요. 여기서 시인은 '우리의 귓바퀴들'이라고 하여 범속한 사람들까지 모두 '우리'로 싸안고 들어갔지만 사실은 하나님의 '사랑의 밀어'를 들을 수 있는 심령의 소유자, 이소희 시인의 두 귓바퀴겠지요. 하지만, 하나님의 '밀어'를 알아듣지 못하는 대부분의 사람을 향하여 시인은 대승적 견지에서 '우리' 모두 함께 가자. 함께 하나님 말씀을 듣고 모두가 원하지만 이루기 어려운 영생을 향해 함께 가자. '시계바늘'처럼 쉼 없이 '달려가'보자는 하나님 말씀의 전도로 들리는군요.

앞서도 썼듯이 이소희 시인의 창조적 상상력은 모두 성경에 바탕을 두고 있군요. 이번 시집 『귀의 비밀』에 실린 82 편의 주옥같은 완성도 높은 시가 모두 예외 없이 기독교적 신앙과 구원, 고난과 기도, 재생과 부활의 모습으로 형상화되어 드러나고 있네요. 다음 시편을 읽어봅시다.

> 봄은 이미 떠나가고 있었다
> 치렁치렁한 머리카락으로
> 어린 꽃잎 휘감아 쥐고
> 알 수 없는 먼 나라로
> 바람 따라 세월 따라 과속을 하는데
> 왜 밀려가는지 브레이크를 거는 이 없었다
> 뜬금없는 봄의 행차에 놀란 모란,
> 뜰 앞에 나와 가로막고 서서,

되돌아오기만 기다리다
시커먼 핏덩이로 오열하고 있었다
그대들 당도하지 못한
사월의 귀착지에서
가만히 있어, 예, 했는데
사월(死月)에 밀려 가버린 꽃송이들
비바람에 떨어진 꽃잎들이
서로 부둥켜안고 날개를 접을 때
나의 신부, 나의 사랑, 나의 어여쁜 자여
꽃과 나비가 불러주는 사랑노래 없이도
한 잎 두 잎 하늘에 닻을 내리고
별은 더 이상 빛나지 않았다

– 「꽃잎은 떨어져도 지지 않는 꽃」의 전문

화려한 모란꽃이 피는 사월이 우리에겐 차라리 사치한 사월(奢月), 오히려 누가 말했듯이 사월은 잔인한 달, 모란꽃이 피기도 하지만 모란꽃 뚝뚝 떨어지는 '붉은 울음' 가득한 사월은 시인이 적절한 동음이어로 바꿔놓은 '사월(死月)'.

시인이 「꽃잎은 떨어져도 지지 않는 꽃」을 쓴 시기를 명시하진 않았지만 아마도 4 · 16 참사 이후가 될 것 같군요. '어린 꽃잎 휘감아 쥐고/알 수 없는 먼 나라로/바람 따라 세월 따라 과속을 하는데'에서 세월은 공교롭게도 세월호와 겹치고 '어린 꽃잎'은 당연히 '알 수 없는 먼 나라로' 먼 길을 떠난 어린 학

생들의 환유이겠지요. '뜬금없는 봄의 행차에 놀란 모란,/뜰 앞에 나와 가로막고 서서,/되돌아오기만 기다리다/시커먼 핏덩이로 오열하고 있었다/그대들 당도하지 못한/사월의 귀착지에서/가만히 있어, 예, 했는데' 시를 읽어 내려가던 필자, 이 대목에 이르러 치밀어 오르는 울분을 금치 못하겠군요. 왜 '과속'하는 '세월'에 '브레이크'를 걸지 못했는지 왜 '가만히 있어' 했는지 '되돌아오기만 기다리다/시커먼 핏덩이로 오열하는' 유가족 앞에 필자 또한 오열하고 맙니다. 배가 넘어가는 급박함 속에서 '가만히 있어, 예,' 주고받은 안타까운 마지막 문자 메시지가 회한으로 남아 필자를 더 울게 합니다.

바람은 회초리 피해 달아나고
길게 울다 스러진 파도에 업힌
너는 아직 따뜻하구나
꽃잎은 떨어져도 지지 않는 꽃
붉은 울음으로 기다리는 모란의 가슴에
화알짝 피어나리라
부활하리라
-「꽃잎은 떨어져도 지지 않는 꽃」의 2연(끝연)

'사월(死月)에 밀려 가버린 꽃송이들' 2014년 4월 16일 세월호 침몰사고로 수장시킨 304인의 귀한 생명 대부분이 안산 단원고 2학년 '꽃송이들' 도대체 이 엄청난 사고를 일으킨 자는 누구인가. 엄중한 법의 징벌을 피해 숨어버린 범인을 시인은 총 2연으로 구성된 이 시의 마무리 제2연의 첫머리에서 '바람은 회초리 피해 달아'났다고 은유를 적용하여 적습니다. 여기서 '바람'은 물론 법의 심판을 '피해 달아난' 피의자일 것이고 '회초리'는 법의 징치를 의미하겠지요.

이어서 이 시의 제목이기도 한 '꽃잎은 떨어져도 지지 않는 꽃'으로 희생된 어린 영혼들이 '모란의 가슴에/화알짝 피어나리라/부활하리라'라는 믿음으로 생명의 '부활'을 목멘 목소리로 절규하듯 호소하듯 강한 어조로 기원 드리는군요.

다산선생께서도 일찍이 그의 사비시론(四非詩論)에서 불상시분속(不傷時憤俗)이면 비시(非詩)라고 했던가요. 시인이 시대의 아픔을 함께 하지 않으면 어찌 좋은 시인이라 할 수 있겠는지요. 사실 누구보다 시대에 민감한 반응을 보이는 자가 바로 시인이지요. 4·16 참사를 아파하고 희생된 어린 꽃송이들을 슬퍼하고 그들의 부활을 목멘 목소리로 희원하는 이소희 시인의 모습은 시인으로서 당연하다 하겠지만 누구나 가능한 일은 아니겠지요(이소희 시인은 수년 전 아이티에 지진폭발로 대참사가 발생했을 때도 수만 킬로의 먼 공간을 훌쩍 뛰어넘어 그곳 아이들과 아픔을 함께한 작품 「진흙과자」를 발표한 적이 있지요.).

무법자 괴물로부터
생명을 살리기 위해
날마다 십자가를 지고
죽어가는 사내
그는 죽어서도 살아있어

–「과속 방지턱의 순교」의 끝연

'무법자 괴물'인 수많은 차량들로부터 보행자 위해 설치된 '과속 방지턱' – '하얀 줄, 노란줄무늬 옷을 입고/사시사철 짓밟히'는 '과속 방지턱'이 '똥배짱부리며 누워있는/근육질의 사내'로 의인화 되고 나아가 '십자가를 지고/죽어가는 사내'에서 독자는 힘들이지 않게 만인의 대속을 위해 고난의 십자가를 지신 예수님을 상기하게 되고, 이어지는 '그는 죽어서도 살아있어'라는 이 시의 마지막 행에서 우리는 죽음에서 부활하신 예수님이 그려지네요. '똥배짱'의 '근육질의 사내'가 불경스럽게도 예수님과 겹치다니, 하지만 많은 '생명을 살리기 위해' 부리는 똥배짱이라면 만인의 십자가를 대신 지신 예수님의 배짱 역시 바리세인이 보기에 '똥배짱'이 아니었을까요. 자신을 희생시켜 '생명을 살리는' 거룩한 행위엔 성속이 따로 없음을 이 시는 보여줍니다그려.

한잎 두잎
밟으며

산을 오른다

밟히면서도
살아서
굳게 닫힌
마음의 문을 열고 들어온
피 묻은 손

신비한 손이
가슴을 어루만진다
손길 닿는 곳마다
가을앓이가
치유되고 새살이 돋아난다

–「단풍잎」의 전문

이 시는 단풍잎 지는 어느 화려한 가을날 화자가 떨어진 단풍잎을 밟고 산을 오르면서부터 '가을앓이가/치유되고 새살이 돋아났다'는 내용이네요. 어떻게 이런 기적이 가능할 수 있을까요. 우선 시인은 단풍잎을 의인화하여 의사로 분장시키고 이 단풍잎이라는 의사가 환자의 '굳게 닫힌/마음의 문을 열고 들어'가 '피 묻은 손'으로 환자의 '가슴을 어루만져' '손길 닿는 곳마다' 환자의 지병인 '가을앓이'를 고쳤다고 한다면 얘기가 안 될까요. 얘기가 되네요.

여기서 우리는 생각해 봅시다. 단풍잎을 지으신 분은 창조주 하나님이시겠지만, 그 단풍잎을 의사로 의인화하여 환자의 병을 고치게 한 자는 분명 시인이지요. 이쯤 되면 시인이 제2의 창조주라는 예부터 전하는 말이 재입증되네요.

한가지, 여기서 우리가 꼭 유념해 둘 일은 만인에게 '밟히면서도' 마다않고 '손'에 '피'를 묻히는 단풍잎 의사의 희생이 있어 '치유'가 가능하고 새살이 돋는' 희생과 재생, 부활의 의미를 되새겨볼 일이 아니던가요.

겨울이 간다고
봄이 오는 것은 아니었다
나무 가족이 모두 나서서
떠받쳐 주었기에
하늘은 무너지지 않고
봄이 오는 길을 지켜낼 수 있었다

봄이 온다고
꽃이 피는 것은 아니었다
목련이 온 힘을 다해
바람을 가로막고 서서
등불을 높이 들어주었기에
산수유 진달래 배롱이 길 찾아와
꽃을 피울 수 있었다

-「일어나 함께 가고 있었다」의 1, 2연

「일어나 함께 가고 있었다」는 소품이긴 하지만 울림이 큰 작품이군요. 세상만사 이 세상 삼라만상은 독불장군, 제 혼자 이루는 존재가 아니지요. 제2의 창조주인 시인의 말을 들어보면 '봄이 오는 것'조차 봄이 제 혼자 절로 오는 것이 아니랍니다. 나무들과 상보관계를 맺어 '나무 가족이 모두 나서서' '봄이 오는 길을', '하늘 무너지지 않게', '떠받쳐 주었기에' 그 길 따라 봄이 올 수 있었다는 얘기가 되네요. 마찬가지로 '봄이 온다고/(온갖) 꽃들이 (저절로) 피는 것은 아니'고 봄꽃의 선두주자 '목련이 온 힘을 다해/바람을 가로막고 서서/등불을 높이 들어주었기에/산수유 진달래 배롱이 길 찾아와/꽃을 피울 수 있었다'는 군요.

놀랍지 않습니까. 목련꽃을 등불로 은유하다니, 목련이 등불을 높이 들어주지 않았다면 하마 산수유 진달래 배롱이 따위는 길을 못 찾아 꽃을 피울 수 없었겠네요. 물론 그럴 리는 없겠지요. 시인의 상상력이 여기까지 미쳐 자연의 질서를 자리매김하고 있네요. 요컨대 꽃이 피고 지는 것 역시 꽃들 상호간에 나름대로의 상보적 질서에 따라 어김없이 보여주는 현상이라는 게 시인의 생각이지요.

쑥은

어린 봄빛을
찍어 바르고
동네 어귀까지
아장아장 걸어 나왔다
모처럼 어깨동무하고
도리도리 둘러앉아
세상모르고 쑥덕공론하느라
정신 팔렸다

유괴범에게
잡혀갈 줄
꿈엔들 알았으랴

–「쑥을 뜯어 오던 날」의 전문

소품이긴 하지만 어느 한 줄, 한 글자도 가감할 수 없는 완성도 높은 수작입니다. 이 시에 동원된 시어 하나하나가 보다 시피 친근하고 재밌네요.

'어린 봄빛을/찍어 바르고/동네 어귀까지/아장아장 걸어 나온' 쑥들이 '도리도리 둘러앉아/세상모르고 쑥덕공론하느라/정신 팔렸다'니 참 재밌지 않습니까. 적재적소에 적절하게 들어앉힌 시어들 하나하나 모두 다 살아있어 반짝반짝 또릿또릿 시 속에서 감칠맛 나게 빛을 발하고 있네요.

이 단시를 두 연으로 처리한 솜씨 또한 기가 막힙니다. 1연과 2연 사이 비약적 공간이 아찔할 정도로 2연의 반전이 놀랍군요. 1연에서의 정신 팔린 평화가 웬 난데없는 '유괴범'을 만나다니, 2연에 드리운 공포감으로 온몸에 소름이 쫙 끼치는 긴장을 어쩔 수 없네요. 제목「쑥을 뜯어 오던 날」로 미루어 무시무시한 '유괴범'이 쑥을 뜯는 화자 자신이라는 점에서 일단 긴장을 거두어들이고 필자의 입가에 웃음이 번져 나오는군요.

각설,「쑥을 뜯어 오던 날」에서 보여준 1연과 2연 사이 아찔한 심연을「풍경소리」의 2연과 3연 사이에서도 읽을 수 있고 시집 여기저기서 발견되는데, 이 기법이 이소희 시인이 가지고 있는 여러 작시기법 중 하나의 특징이라고 생각되네요.

농막을 지키고 있는
동어(銅魚) 한 마리
날아가고 싶은지
처마 끝을 맴돌며 헛손질 한다

지나가던 바람이
오른 쪽 볼을 맞으면
동그랗게 웃으며
왼쪽 볼을 들이 댄다

차마 비상할 수 없는

물고기 한 마리가
제 가슴을 치며
울었을 뿐이다

－「풍경소리」의 전문

절간에서 볼 수 있는 풍경을 시인은 농막에서 보았군요. 풍경을 동어(銅魚)로 표현한 점도 재밌고 '처마 끝' 허공을 '맴돌며 헛손질'로 '동그랗게 웃으며' 이쪽저쪽 바람의 매를 맞는 풍경에서 옳지 무릎을 치며 독자는 예수님의 모습을 연상하지 않을까요. '오른 쪽 볼을 맞으며' '왼쪽 볼을 들이 대던' 예수님! 이소희 시인이 기독교인이라는 점을 감안할 때, 필자는 이 부분에서 뭔가 기독교와 불교의 소통이 있음을 느끼게 되네요.

각설, 2연에서 3연으로의 급박한 전결(轉結)은「가시리」를 평설하던 양주동 님의 말씀을 빌려 삽상(颯爽)한 전환(轉換)이며, 경이적(驚異的)인 타개(打開)다. 대불(大佛)의 개안(開眼)이요 승요(僧遙)의 점정(點睛)이 정작 이 결구에 맺어 있음을 보게 되네요.

'차마 비상할 수 없는/물고기 한 마리가/제 가슴을 치며/울었을 뿐이다' 가슴이 찡합니다그려.

시인(詩人)은 시인(視人)이라 남이 못 보는 것을 보고, 시인(詩人)은 시인(始人)이라 남이 못한 참신한 표현을 첫 번째로

해내는 제2의 창조주 = 시인. 이소희 시인의 시집 원고를 읽어가며 필자는 위와 같은 생각을 무수히 했네요. 사물을 새롭게 보려는 의식이 늘 깨어 있는 시인, 이소희 시인!

시인과 하나님의 합작으로 아름다운 세상을 더 아름답게 엮어낸 시집 『귀의 비밀』 원고를 제일 먼저 읽는 행운을 필자에게 주심, 고맙습니다.

이상 손에 잡히는 대로 두서없이 시를 읽어가며 독후감을 써봤습니다만, 원체 시를 보는 눈이 밝지 못하고 글을 엮는 재주 터무니없이 부족한 무능한 사람이기에 주옥같은 좋은 시에 오히려 먹칠로 그르치지 않았을까 벌써부터 두렵습니다. 크게 잘못된 점이 있다면 크게 질책을 받으렵니다.

- 2014년 초여름 지화자농장에서

이소희 시인은 전남 해남 출신으로 동국대 교육대학원 국어교육과를 졸업하고 다년간 교직생활을 했다. 1999년도 『조선문학』에 시로 문단에 데뷔 했으며 한국문협 회원, 한국기독시협 이사로 조선문학문인회 · 형상21시문학회 · 운현시문학회 회장을, 21C 시학아카데미 학장을 역임했다. 조선문학작품상 · 한국기독시문학상 · 풍시조문학상을 수상했으며 작품에는 『목련이 피는 이유』, 『모스크바의 자작나무 추억』, 『땅끝에서 인디아까지』, 『밤을 떠나는 나무』, 『귀의 비밀』, 풍시조시집 『그는 왜 그리』가 있다.

E-mail : 8988lsh@hanmail.net / Tel : 010-8296-8980

귀의 비밀

2014년 7월 10일 인쇄
2014년 7월 20일 발행

지은이 / 이소희
발행인 / 박진환
펴낸곳 / 조선문학사
등록번호 / 1-2733
주소 / 120-853 서울 서대문구 통일로 389(홍제동)
대표전화 / 02-730-2255
팩스 / 02-723-9373

ISBN 978-89-98115-51-7

정가 10,000원